ACADÉMIE

DES

JEUX-FLORAUX.

Vᵗᵉ JUSTIN DE MAC-CARTHY.

ÉLOGE

DE

M. LE V^TE JUSTIN DE MAC-CARTHY

MAINTENEUR DE L'ACADÉMIE DES JEUX-FLORAUX

PAR

M. Auguste d'ALDÉGUIER

Conseiller honoraire à la Cour impériale,
Mainteneur de l'Académie des Jeux-Floraux, président de la Société archéologique
du midi de la France, président du Bureau des Arts.

TOULOUSE

IMPRIMERIE DE A. CHAUVIN

RUE MIREPOIX, 3

—

1864

ÉLOGE

DE

M. LE Vte JUSTIN DE MAC-CARTHY.

SÉANCE PUBLIQUE DU DIMANCHE 3 JANVIER 1864.

MESSIEURS,

Lorsque nous cherchons à évoquer le souvenir de ceux qui ne sont plus, leur figure nous apparaît profondément empreinte du trait saillant de leur caractère. On serait tenté de croire que notre imagination a taillé leur image comme un type destiné à rappeler toujours les mêmes pensées, à réveiller toujours les mêmes sentiments. Telles furent mes premières impressions lorsque je me préoccupais de l'honorable mission d'exprimer les regrets de l'Académie sur la perte douloureuse de notre confrère, M. le vicomte Justin de Mac-Carthy. Il se montrait à mes yeux environné de ses hautes vertus, de sa piété fervente, de son inépuisable charité, et confondu pour ainsi·dire dans l'auréole de ce frère chéri, de ce révérend père

de Mac-Carthy, le guide de son enfance, le conseil de
sa jeunesse, le modèle de toute sa vie. Les qualités
éminentes de son esprit ne se faisaient jour qu'à tra-
vers le voile religieux qui semblait les absorber, et je
me demandais si j'étais bien parmi vous celui qui aurait dû retracer le tableau d'une pareille vie, et si ce
tableau lui-même trouverait harmonie et faveur dans
cette atmosphère toute littéraire, et en présence d'une
assemblée accoutumée à des paroles moins sérieuses.

Cependant je me suis rassuré ; la souveraine de nos
jeux dictait nos lois à cette époque de foi, où la poésie se plaisait à embellir de ses prestiges toutes les
traditions religieuses : elle accueillait avec faveur les
strophes galantes des troubadours, mais sa fleur de
prédilection était réservée au poëte qui consacrait ses
chants à la reine des cieux ; elle instituait des fleurs,
emblèmes de poésie, mais elle les distribuait aux vain-
queurs tout empreintes des parfums de l'autel où elles
avaient été consacrées. M. de Mac-Carthy méritait donc
ses faveurs, et sa piété se prêtant si bien à toutes les
harmonies de la poésie, à toutes les grâces de l'esprit, à toutes les distinctions du monde, lui assignait
une place privilégiée dans sa cour. D'un autre côté,
au milieu de nos agitations incessantes, au bruit des
maximes dangereuses qui affligent les consciences, on
aimera, je l'espère, à reposer son esprit sur la vie si
pure, si pleine d'œuvres et de foi, mais en même
temps si littéraire de notre regretté confrère ; on se
plaira à rendre hommage aux convictions héréditaires
dont il ne se départit jamais, mais qui n'altérèrent
aussi jamais la bienveillance de ses rapports et son
dévouement à une compagnie consacrée comme lui

au culte des belles et des bonnes lettres. S'il n'en était pas ainsi, ce ne serait pas la faute du modèle, mais la défaillance de celui qui aurait dû peut-être se refuser à une tâche trop difficile, et ne pas se laisser aller aux illusions d'une amitié trop présomptueuse.

Justin-François-Joseph *de Mac-Carthy* naquit à Dublin le 1er mars 1785. La généalogie de sa famille, ainsi que celle de quelques autres grandes maisons de ce pays, se rattache aux anciens rois chrétiens des deux momonies de *Dermond* et de *Korck*. Cette antique origine, qui remonte aux premiers siècles du christianisme, est une de ces légendes que la catholique Irlande aime à se rappeler, comme un témoignage de sa foi séculaire à *sa sainte mère l'Eglise*, suivant la formule qu'elle consigne encore aujourd'hui dans ses actes authentiques. Ce sont là des traditions respectées dans la verte Erin, mais qui se perdent néanmoins dans la nuit des temps. Ce qu'il y a de certain, c'est que depuis la réunion de l'Irlande à la couronne, les Mac-Carthy furent héréditairement pairs d'Irlande et d'Angleterre jusques à la révolution de 1688.

Cette époque, féconde en persécutions, fut désastreuse en particulier pour la famille de Mac-Carthy. Inébranlablement attachée à la religion catholique et à la cause des Stuarts, elle ne voulut pas acheter par une apostasie la protection de l'Angleterre, et préféra chercher sur le continent une liberté qu'elle ne retrouvait plus dans ses foyers.

Ce fut *M. le comte de Mac-Carthy Springhouse* qui se résigna au sacrifice douloureux, mais devenu nécessaire, de s'éloigner de son pays avec toute sa famille.

Après avoir longtemps parcouru tous les Etats catholiques de l'Europe, il se fixa sur la terre hospitalière de France, et mourut à Argenton en Berry, où le tombeau du catholique proscrit fut longtemps l'objet de la commune vénération. A son lit de mort, il fit promettre au fils unique qu'il laissait après lui de ne rentrer jamais dans son pays tant que la religion catholique y serait opprimée, et tant que le peuple y serait courbé sous le joug odieux de l'Angleterre.

Ce fils unique était *le comte Justin de Mac-Carthy*, père de notre confrère, et si digne lui-même de conserver religieusement les traditions de sa famille. Cinq ans après la mort de son père, le 16 septembre 1765, il épousa *Marie Vinifride Tuitte*, fille du chambellan *Nicolas Tuitte de Tuittestown*. Ce fut aussi vers cette époque qu'il acheta dans notre ville le bel hôtel qui porte encore son nom. Quelque temps après, en septembre 1776, il obtint des lettres de naturalisation du roi Louis XVI. L'année suivante, il fut reconnu par la chancellerie comme représentant de la maison royale de Mac-Carthy, sous le titre de *comte*; et enfin le 25 février 1777, il fut admis comme tel aux honneurs de la cour (1).

(1) M. le comte Justin de Mac-Carthy fut admis aux honneurs de la cour avec le titre de *comte*, d'après le certificat de ses preuves, vérifiées par M. *Chérin* père, généalogiste des ordres du roi, et la production de l'histoire généalogique de sa maison, faite par les rois d'armes d'Angleterre. A cette époque, le comte Justin de Mac-Carthy se trouvait réunir sur sa tête par extinctions successives et droit héréditaire, le double titre de *Mac-Carthy-Mór* (le Grand) et de *Mac-Carthy-Reagh*, qui distinguaient les aînés de sa maison.

Les preuves de la maison de Mac-Carthy, vérifiées par M. Chérin, en deux magnifiques volumes manuscrits, enrichis de culs-de-lampe, écussons et vignettes, coloriés avec une remarquable habileté, sont aujourd'hui en la possession de M. le

Homme de goût et de science, M. le comte de Mac-Carthy consacrait ses loisirs à l'embellissement de sa demeure et à la collection de cette magnifique bibliothèque que M. de Bure, le savant bibliographe, appelait *une bibliothèque digne d'un souverain*.

La famille de Mac-Carthy ne s'éloigna plus dès lors de notre cité, et Mme de Mac-Carthy ne revenait dans son pays que dans certaines circonstances, pour obéir aux lois anglaises et ne pas priver les enfants qu'elle portait de la qualité de citoyens anglais. C'est ainsi que se forma au milieu de nous cette nombreuse famille, composée de neuf enfants, qui, après avoir vu le jour dans le pays de leurs ancêtres, étaient aussitôt ramenés dans leur patrie d'adoption, où ils étaient accueillis comme ses propres fils.

Les salons de l'hôtel de Mac-Carthy étaient le rendez-vous de l'élite de la société toulousaine, mais ils étaient surtout ouverts à ceux que recommandaient le talent et la vertu. Leur calme et leur dignité se prêtaient peu aux assemblées frivoles et tumultueuses du monde, mais la plus bienveillante urbanité et l'intérêt des entretiens y présentaient aux esprits sérieux de plus exquises jouissances. L'aspect lui-même de ce magnifique salon, où se réunissaient les membres de cette nombreuse famille, autour des larges fauteuils où s'asseyaient toujours à la même place le comte et la comtesse de Mac-Carthy, ne tardait pas à exercer sur l'esprit une séduction à laquelle il était difficile de se soustraire.

comte Nicolas-Francis-Joseph de Mac-Carthy, neveu et héritier du vicomte Justin de Mac-Carthy, mainteneur des Jeux-Floraux.

Bien jeune encore il me fut donné d'entrevoir une de ces réunions, et ce souvenir ne s'est pas effacé de mon esprit. Walter Scott se plait parfois à nous introduire dans les antiques manoirs des familles illustres de son pays, et ces tableaux d'intérieur ne sont pas la partie la moins intéressante de ses légendes. Je ne sais cependant s'il lui est arrivé de retrouver dans son Ecosse féodale des types pareils à ceux que lui eût offerts la famille des Mac-Carthy. On y voyait l'aîné des fils, *le comte de Lévignac*, dont la beauté, proverbiale dans notre ville comme à la cour d'Angleterre, était relevée par les plus grandes manières : poëte gracieux et doué d'un talent de lecture si parfait qu'on briguait les invitations dans les salons où il devait se faire entendre ; *le comte Robert*, maréchal de camp, véritable type d'élégance et de distinction (1) ; l'abbé *Nicolas*, dont il suffit de rappeler le nom à tous ceux qui l'ont entendu. Enfin, du milieu de cette réunion, se détachait le groupe gracieux des trois sœurs, parmi lesquelles se faisait remarquer Mlle *Christine de Mac-Carthy* (2), qui devait bientôt à son tour former une

---

. (1) Le comte Robert-Joseph de Mac-Carthy émigra en 1791, et fit les campagnes de l'armée des princes en qualité d'aide de camp du prince de Condé. Le 9 mai 1809, il contracta mariage avec Emilie-Marie de Bressac, riche héritière d'une famille distinguée du Dauphiné. Le 4 juin 1814, il fut nommé au grade de maréchal de camp; en 1815, il fut élu député par le département de la Seine-Inférieure. Il fut réélu, en 1816, par le département de la Drôme, et continua à siéger à la chambre jusqu'en 1820. Il mourut à Lyon le 11 juillet 1827, ne laissant après lui qu'un fils unique, le comte Justin de Mac-Carthy, né le 11 mai 1811 et décédé sans postérité à Paris en janvier 1860.

(2) Mlle Christine de Mac-Carthy épousa, le 2 février 1799, M. le marquis de Rey de Saint-Géry, conseiller d'état et député du département du Tarn. Elle passa toute sa vie dans le château de Saint-Géry, situé sur les bords du Tarn, entre Rabastens et Lisle, où elle donna successivement le jour à huit filles, dont l'aînée, Mlle Marie-

famille aussi nombreuse et aussi belle dans le château de *Saint-Géry*, où la grâce de son accueil devait réunir pendant cinquante ans tout ce que le département du Tarn renfermait d'honorable et de distingué.

Ce fut dans cette enceinte toute privilégiée que notre confrère se trouva placé dès ses plus jeunes années ; ce fut au milieu de toutes ces heureuses influences que se développèrent les premières facultés de son cœur et de son intelligence. C'était déjà une insigne faveur de la Providence, mais elle lui en réservait une seconde en séparant par un grand intervalle sa naissance de celle des aînés de sa famille. La révolution française, si funeste aux classes élevées, amena pour lui l'incident le plus heureux ; il était trop jeune pour en comprendre les rigueurs, mais son âge se prêtait admirablement au bienfait dont elle fut la cause accidentelle.

Au premier souffle de nos orages politiques, son frère Nicolas, alors connu sous le nom d'*abbé de Lévignac*, venait de terminer ses études au collège Duplessis et à la Sorbonne. Ses progrès dans les lettres, dans les sciences, et surtout dans les langues hébraïque, grecque et latine, avaient été si surprenants, que ses professeurs avaient prédit tout ce que l'avenir lui réservait. Non-seulement il lisait les auteurs anciens dans leurs textes, mais il n'était pas de difficultés dans ces textes divers qu'une première lecture ne lui donnât la faculté de résoudre. Troublé dans sa

Clémentine de Saint-Géry, épousa, le 7 novembre 1826, M. le vicomte de Raynaud, capitaine de cavalerie, aide de camp de M. le duc de Mouchi, capitaine commandant des gardes du roi et mainteneur de l'Académie des Jeux-Floraux.

carrière, l'abbé de Mac-Carthy s'empressa de se réfugier à Toulouse dans le sein de sa famille, que sa qualité d'étrangère mettait à l'abri des vexations révolutionnaires. Retiré dans cet asile, la magnifique collection recueillie par son père lui présenta ses trésors, et tandis que le sol tremblait autour de lui, tranquille dans ce sanctuaire respecté, il eut le loisir de se plonger dans les études les plus profondes, et de se former lentement à cette solide et mâle éloquence, qui devait plus tard jeter un si grand éclat.

Mais il était une occupation qui répondait mieux encore aux sentiments de son cœur; ce fut l'éducation de ce frère de six ans, de ce jeune Justin qu'il avait trouvé dans la maison paternelle, et qu'il ne connaissait que par la nouvelle qui lui avait appris sa naissance. Il ne voulut partager avec aucun autre le soin de former son cœur aux enseignements religieux et aux éléments des sciences. Il se plut à le conduire pas à pas dans cette ancienne voie des bonnes études qu'il venait lui-même de parcourir, à l'initier à la connaissance des meilleurs modèles des lettres grecques et latines, et à nourrir son esprit des grands enseignements qu'il avait puisés dans les leçons récentes des maîtres les plus habiles de la capitale, et qu'il avait fécondées par ses propres méditations.

Telles furent les fortes études qui alimentèrent l'enfance et la jeunesse de notre confrère jusques au jour où d'impérieux devoirs l'obligèrent à s'éloigner de la maison paternelle. Depuis cette époque jusques à l'année 1833, où le R. P. de Mac-Carthy termina son admirable carrière, les nombreux rapports qu'il conserva avec son jeune frère furent empreints de ce caractère de vive affection et de douce autorité que l'âge et les premières habitudes avaient établis entre lui et cet élève si reconnaissant, qui dans toutes les circonstances difficiles se retournait avec respect vers celui qu'il regardait comme sa providence. Je voudrais, Messieurs, qu'il me fût permis de vous faire partager l'émotion que j'ai ressentie à la lecture des lettres du R. P. de Mac-Carthy à son frère Justin. Ce serait un aspect nouveau sous lequel vous pourriez apprécier sa connaissance profonde du cœur humain, la sagacité de son jugement et la sensibilité de son cœur. Ces épanchements intimes d'une âme chrétienne et dévouée sont le plus bel éloge de celui de qui ils émanent, et de celui qui les a inspirés. Aussi furent-ils religieusement conservés par notre confrère, et lorsqu'il me fut permis de pénétrer dans son cabinet, devenu une triste solitude, mes premiers regards s'arrêtèrent sur cette précieuse collection, classée avec soin, et placée sur sa table de travail à portée de sa main et de ses yeux, pour lui rappeler sans doute ses souvenirs les meilleurs et ses affections les plus vives.

En l'année 1807, des affaires importantes obligèrent Mᵐᵉ la comtesse de Mac-Carthy de faire un voyage dans son pays. Depuis longtemps sa famille sentait le besoin de négocier les propriétés de l'Irlande qu'on n'habitait plus, pour former en France un établissement définitif. Justin, à peine âgé de vingt et un ans, fut choisi pour accompagner sa mère dans cette mission délicate : il y déploya une telle activité et une si grande intelligence, que Mᵐᵉ de Mac-Carthy comprit bientôt qu'elle pouvait lui en confier la direction exclusive et rejoindre sa famille.

Ce fut alors que s'ouvrit devant Justin de Mac-Carthy le nouvel horizon qui devait imprimer un déve-
loppement inattendu à toutes les facultés de son esprit.
Pendant ce séjour prolongé, il eut le temps d'étudier
la situation du pays qui l'avait vu naître. Environné
des parents et des amis de sa famille, il entendit leurs
plaintes, il fut témoin des frémissements d'indignation que soulevaient parmi eux les lois oppressives
de l'Angleterre. Ces excès d'intolérance révoltèrent sa
conscience catholique, et bientôt, sous les auspices du
célèbre *Schiel*, son parent, il fut initié aux travaux de
l'*association catholique* naissante. Dès lors il prit une
part active à ces assemblées remarquables, où les
voix les plus éloquentes, entre autres celle d'O'Connel (1), faisaient retentir le cri formidable de *liberté
religieuse*, qui commençait à faire pâlir la fière
Albion, et contre lequel toutes ses forces devaient un
jour se briser.

Cependant toute cette effervescence n'altéra jamais
la modération naturelle et l'esprit de tolérance de
M. de Mac-Carthy. Placé au milieu d'un foyer de ran-
cunes invétérées et de haines ardentes, il pensait qu'un
véritable dévouement peut se passer d'aussi fâcheux
auxiliaires. Il aimait à se soustraire à toutes ces exci-
tations, pour se réfugier dans le sein d'une famille
française puissamment établie en Irlande, que sa
qualité de protestante n'avait pas empêchée de conqué-
rir toutes ses sympathies. Après la révocation de l'édit

(1) Dès son arrivée à Dublin, M. de Mac-Carthy se trouva en rapports habituels
avec Daniel O'Connel, qui déjà s'était fait un grand renom en Irlande. Daniel
O'Connel était issu d'une famille milesienne, né dans le comté de Kerry qui faisait,
il y a quelques siècles, partie des Etats de la famille de Mac-Carthy.

de Nantes, la famille *de Latouche* était venue demander à l'Irlande la liberté de conscience, que celle des
Mac-Carthy était allée demander à la France après la
révolution de 1688. Je ne sais si çe fut le hasard, ou
cette singulière coïncidence, qui établit des rapports
entre ces exilés volontaires; ce qu'il y a de certain,
c'est que ces rapports furent la source d'une estime
réciproque et d'une affection qui ne se démentit jamais. Tous les moments que notre confrère pouvait
soustraire à sa vie publique, étaient consacrés à la
famille de Latouche. Les longs séjours de l'ardent
catholique dans la belle résidence du protestant non
moins zélé, amenaient souvent des controverses ani-
mées, mais elles n'altéraient jamais leur bonne intelligence et ne faisaient que resserrer les liens qui les
unissaient. De son côté, lorsque M. de Latouche,
colonel au service de l'Angleterre, faisait un voyage
sur le continent, il s'empressait de visiter son ancien
ami, et son arrivée était un des bonheurs de notre
confrère.

M. de Mac-Carthy voulut aussi consacrer une part
de sa vie nouvelle aux lettres qu'il avait toujours
cultivées. Dès son arrivée, l'Académie royale d'Irlande
s'était empressée de lui ouvrir ses rangs; il se fit un
devoir de suivre ses séances et de prendre une part
active à ses travaux. Ses premiers essais littéraires
sont consignés dans les volumineuses publications de
cette académie, que, malgré son éloignement, il n'avait
jamais cessé de recevoir. C'est cette nombreuse collection qu'il a léguée à l'Académie des Jeux-Floraux. Il a
voulu sans doute établir ainsi un trait d'union entre
la société qui a offert un délassement à ses jeunes

années et celle qui a été la consolation de ses vieux jours.

Au milieu de ces préoccupations diverses, des nouvelles alarmantes rappelèrent Justin de Mac-Carthy dans le sein de sa famille. Elle était en proie aux plus vives inquiétudes sur la santé de M. de Mac-Carthy. Il accourut, mais il ne fut à temps qu'à recevoir une part de la bénédiction paternelle, que le vieillard mourant distribua à ses nombreux enfants. Après quelques années consacrées aux douleurs de sa mère et aux soins de sa famille, tous les souvenirs de l'Irlande militante se représentèrent à son esprit. Il était libre, dans toute la force de l'âge et de l'intelligence; il s'empressa d'aller mettre l'un et l'autre au service de sa patrie opprimée.

Depuis son départ, la cause des catholiques irlandais s'était élevée aux plus hautes proportions. Ce n'était plus des prières, des gémissements étouffés, c'était le pays soulevé à la voix d'un de ces hommes puissants qui résument une époque; c'était l'Irlande tout entière marchant sous la bannière d'O'Connel à la conquête de son indépendance religieuse. L'Europe la secondait de tous ses vœux, et lui adressait, par tous ses organes, l'expression de ses sympathies. L'Angleterre sentait sa puissance fléchir sous une si forte pression : ses concessions tardives ne faisaient qu'accroître les exigences; elle cherchait à désarmer celui que ses concitoyens appelaient avec orgueil *la gloire de Kerry, l'honneur de Munster*, en faisant briller à ses yeux les plus séduisantes perspectives, les titres les plus flatteurs pour son ambition; toutes ses tentatives venaient échouer devant sa fière indépendance (1) ; elle ne pouvait enfin se dissimuler son impuissance devant cette popularité sans exemple , dont il faudrait un jour accepter les lois.

Longtemps notre jeune confrère marcha sous les drapeaux de celui qui avait conquis toute son admiration ; cependant vint un jour où il fut effrayé de la véhémence de ses accents, et où sa raison parvint à dominer son enthousiasme. L'Angleterre s'était laissé arracher une à une des concessions impérieusement exigées, et désormais l'Irlande se trouvait admise aux bienfaits de cette constitution anglaise, dont elle avait été si longtemps exclue. M. de Mac-Carthy et plusieurs de ses amis, pairs d'Irlande, baronets, avocats, savants, pensaient que le temps était venu de changer de langage, et de ne pas compromettre par des violences le bill d'émancipation que le parlement ne pouvait plus refuser, mais qu'il n'accorderait jamais à la menace du *rappel de l'union*, désavouée par tous les hommes vraiment dévoués aux intérêts de leur pays. Ainsi se forma le nouveau comité catholique institué pour calmer des ardeurs imprudentes. Ce fut notre collègue qui fut nommé secrétaire. de l'association nouvelle ; ce fut lui aussi qui eut le courage de monter à la tribune pour arborer la bannière de la

______

(1) O'Connel avait sacrifié tous les avantages de sa profession pour se consacrer en entier à la cause de son pays. Cependant la réputation qu'il avait conquise au barreau lui assurait la fortune la plus rapide et la plus honorable et une haute position dans la magistrature. Afin de conserver son indépendance, il refusa le rang et le privilége de la pairie avec le titre de *marquis d'Erin*. Il était doté de 30,000 livres sterling (750,000 fr.) de souscriptions annuelles et volontaires par la reconnaissance de ses concitoyens. Il en faisait le plus noble et le plus généreux usage, et loin de s'enrichir, il a laissé une nombreuse famille dans une position voisine de la gêne.

modération devant le parti populaire, qui reconnut avec indignation dans cette opposition inattendue ceux qui jusqu'alors avaient combattu dans ses rangs. Dès ce jour, M. de Mac-Carthy se vit exposé aux attaques, aux injures et aux dénonciations de la presse, et sa présence à la tribune fut longtemps accueillie par les vociférations de la multitude. Cependant il poursuivit sa tâche avec énergie, mais il ne cessa jamais d'environner de son respect le fougueux orateur dont la popularité l'exposait à tous ces outrages (1). Nous eussions vivement désiré retrouver quelques-uns des travaux de notre confrère dans cette belle cause de l'émancipation, mais ces temps sont loin de nous, et la grande personnalité d'O'Connel a tellement absorbé tous ceux qui se mouvaient dans sa sphère, qu'il ne reste aujourd'hui que son nom à côté de son œuvre. Nous ne doutons pas toutefois que même au milieu de tant d'orateurs distingués, M. de Mac-Carthy n'ait trouvé plus d'une fois de nobles inspirations pour réclamer la liberté de conscience, le plus sacré des droits de son pays, la plus intime de ses convictions

(1) Un jour, dans un *aggregate maeting*, M. de Mac-Carthy monta à la tribune, et ne craignit pas de signaler comme dangereuse la ligne politique dans laquelle O'Connel entraînait un peuple confiant et abusé : à ces mots d'immenses vociférations couvrirent sa voix, et Edward Sesay, secrétaire d'O'Connel, s'empara des hustings, et, au milieu du discours le plus véhément, il lui adressa ces paroles menaçantes : « Vous ne savez pas ce que vous faites, vous avez voulu mettre le » pied sur le peuple ! Entendez-moi bien, le peuple vous foulera aux pieds ! » Lorsque M. de Mac-Carthy nous rappela ces paroles, profondément gravées dans son souvenir, il ajouta : « Je n'ai pas moins cessé de rendre justice au talent » d'O'Connel, à ses éminentes qualités, et je n'ai jamais cessé d'estimer en lui » sa foi sincère, son désintéressement à toute épreuve, sa haine de l'oppression » et son amour dévoué pour la patrie. »

personnelles. Cependant il n'eut pas le bonheur de rester sur la brèche jusqu'au jour où les efforts victorieux de l'Irlande contraignirent enfin le parlement britannique à la concession de ce fameux bill d'émancipation, objet d'une lutte si longue et si acharnée. Mais s'il ne fut pas des derniers combattants, il fut du moins de ceux qui préparèrent le triomphe.

Un douloureux événement devait encore enlever M. de Mac-Carthy à la belle carrière qu'il poursuivait. Sa mère, Mme la comtesse de Mac-Carthy, touchait à ses derniers moments. Il s'empressa de voler auprès d'elle ; mais ses jours étaient comptés, et dans les premiers mois de l'année 1822, cette famille éplorée se trouva privée de celle qu'elle avait environnée toute sa vie de tendresse et de vénération. La solitude se fit bientôt dans cet hôtel qui avait abrité naguère une si nombreuse famille. Le comte de Lévignac avait regagné l'Angleterre où l'appelait la faveur de Georges IV ; un brillant établissement avait fixé le comte Robert aux environs de Grenoble ; l'abbé Nicolas poursuivait le cours de son apostolat ; les comtes Charles et Patrice s'étaient éloignés pour s'établir dans un autre hémisphère, sur leurs vastes propriétés de l'île Sainte-Croix. Le vicomte Justin ne tarda pas à se trouver seul dans ces lieux, où tout lui rappelait des pertes cruelles et de douloureuses séparations.

Cependant des jours meilleurs succédèrent bientôt à ce triste isolement, et l'on put espérer que de nouveaux rejetons allaient s'échapper de la vieille souche de la maison de Mac-Carthy. Le 8 novembre 1826, le vicomte Justin unissait sa destinée à celle de Mlle de Coriolis d'Espinouse. Pendant ses nombreux séjours à

Paris, la distinction de son esprit lui avait valu le meilleur accueil dans les salons les plus recherchés de la capitale ; il était surtout reçu avec bienveillance dans celui de *Mme la marquise de Montcalm*, sœur du duc de Richelieu, l'une des femmes les plus remarquables de l'époque, autour de laquelle se réunissait l'élite des hommes politiques et des écrivains du parti modéré de la Restauration. Ce fut elle qui appela son attention sur Mlle de Coriolis. Cette union répondait à toutes les sympathies de son cœur et de son esprit. Brillante de grâce et de distinction, Mlle de Coriolis était fille de l'un des poëtes les plus en faveur à cette époque, et dont le nom est demeuré honorablement inscrit dans les annales littéraires de la France (1). La société toulousaine s'empressa autour de cette gracieuse femme ; le bonheur éclaira de ses reflets l'hôtel rajeuni par sa présence, et bientôt les plus brillantes réunions rétablirent le mouvement et la vie dans cette enceinte si longtemps attristée.

Ceux qui n'ont connu M. de Mac-Carthy que dans ses dernières années, auront de la peine à comprendre son aimable empressement et son exquise courtoisie auprès des femmes jeunes et élégantes qui faisaient alors l'ornement de nos fêtes. Plus difficilement

______

(1) *Charles-Louis-Alexandre, marquis de Coriolis d'Espinouse*, issu d'une ancienne famille de la Provence, était né à Marseille en 1772 ; il mourut à Paris en 1841. Il cultiva particulièrement la poésie. Il est auteur d'un grand nombre de pièces, insérées dans les journaux et recueils littéraires du temps, parmi lesquelles on remarque un poëme sur la mort de M. le duc de Berry et le songe du roi Charles X à Reims. De plus, il a eu part, comme collaborateur, à plusieurs comédies-vaudevilles, entre autres à *l'Abus de l'esprit* et à *Christophe Morin*.

encore ils se prêteront à se faire une idée de la vivacité de ses opinions au milieu d'une société tout im-
pressionnée des événements politiques qui s'accom-
plissaient alors. Imbu dès ses plus jeunes années des
idées de liberté consacrées par la constitution anglaise,
objet de son culte, il se pliait difficilement aux opinions du monde, au milieu du monde où il vivait.
Habitué à la discussion publique et à ses orages, c'était
un redoutable adversaire ; la connaissance et la prati-
que des théories constitutionnelles lui fournissait toujours des armes nouvelles, et il en était peu qui fus-
sent en mesure de conserver leur avantage en le suivant
sur le terrain de la controverse. Plus d'une fois la
liberté de ses paroles excita d'étranges étonnements ;
mais on ne tardait pas à revenir de toute prévention
lorsqu'on l'entendait parler des priviléges de la couronne ; il était difficile alors de ne pas concevoir une
haute idée de cette constitution anglaise qui depuis
bientôt deux siècles a su inspirer à une grande nation
un égal respect pour les libertés publiques et pour les
prérogatives de ses souverains.

Cependant tout ce bonheur ne tarda pas à s'éva-
nouir, et la Providence, qui avait jeté sur M. de Mac-
Carthy un regard si favorable, le réservait aux épreu-
ves les plus cruelles. Le R. P. de Mac-Carthy, ce
frère si cher à son cœur, lui était ravi, et victime de
son zèle, il succombait loin de lui sur une terre
étrangère (1). Bientôt la santé chancelante de Mme de

(1) Le R. P. Nicolas de Mac-Carthy était né à Dublin le 17 mai 1769. Ses
succès à la Sorbonne furent si remarquables que M. de Dillon, archevêque de
Narbonne, son parent, voulut le présenter à l'assemblée générale du clergé qu'il

Mac-Carthy lui inspira les plus vives alarmes. Pendant de longues années chaque jour anéantissait une de ses espérances, jusques au moment où il vit s'éteindre celle que ni sa jeunesse, ni ses charmes, ni la tendresse d'un époux ne purent soustraire à une mort prématurée.

La religion seule pouvait soutenir M. de Mac-Carthy dans de pareilles circonstances, et de si amères douleurs auraient épuisé ses forces si elles ne s'étaient tempérées à l'ardent foyer de ses croyances. Ce fut là aussi qu'il alla puiser ses consolations. Flétri par le malheur, il se fit une jouissance du soulagement de toutes les infortunes. Ses revenus suffisaient à peine aux besoins de son ardente charité, et le chemin le mieux connu de tous les indigents était celui de cette splendide résidence, si peu faite en apparence pour les

présidait, comme un sujet de la plus belle espérance. Il reçut les ordres ecclésiastiques le 19 juin 1814. En 1817, Louis XVIII le nomma à l'évêché de Montauban, qu'il refusa par une noble humilité. Il avait le dessein bien arrêté d'entrer dans la compagnie de Jésus; il émit les vœux simples le 7 février 1820, et fut admis à la profession solennelle le 15 février 1828. Il prêcha aux Tuileries les deux stations de l'Avent en 1819, du Carême en 1826. Pendant cette station, le roi Charles X le pressa personnellement d'accepter la direction de l'éducation de M. le duc de Bordeaux. Malgré tout son dévouement personnel au roi, qui lui donnait un si grand témoignage de son estime, il crut devoir se refuser à cet honneur, et appuya son refus sur des motifs auxquels le roi eut de la peine à se rendre, mais qu'il finit par accepter. Paris, Bordeaux, Marseille, Toulouse, Strasbourg, Amiens, Valence, Avignon, Nîmes l'entendirent successivement, et partout son éloquence laissa d'ineffaçables impressions. Enfin, il prêcha la station du Carême 1833 à Annecy; mais à peine l'eut-il terminée, qu'il éprouva les atteintes de la maladie qui l'emporta le 3 mai 1833. Les plus grands honneurs furent rendus à sa dépouille mortelle, qui fut déposée dans le caveau des évêques de l'église cathédrale, et dans le même tombeau où reposa pendant vingt ans le corps de saint François de Salles. Une belle inscription latine indique aujourd'hui la place de sa sépulture.

recevoir. Il était peu de congrégations religieuses qui ne comptassent notre confrère au nombre de leurs membres les plus zélés; mais parmi elles il en était une à laquelle il consacrait plus particulièrement ses soins et sa sollicitude. Depuis quelques années, il avait prêté son concours à la fondation d'une de ces œuvres d'autant plus utiles qu'elles se dérobent davantage à la publicité. La Société du prêt gratuit se composait d'hommes généreux réunis pour former de leurs propres ressources un fonds commun, où les classes pauvres et les familles indigentes pourraient trouver des secours faciles et échapper ainsi aux dangers des emprunts usuraires, Cette heureuse idée produisit bientôt les meilleurs résultats, et souvent des ruines inévitables et de sombres désespoirs se trouvèrent conjurés par des bienfaits environnés de mystère et de discrétion. Notre confrère trouvait de douces jouissances dans la direction de cette œuvre, pure émanation du principe divin de la charité. Depuis ses malheurs, il en fit son occupation principale, et il y retrouva pour lui-même une part des consolations qu'elle répandait autour d'elle.

Par une circonstance heureuse, ce fut aussi le moment où M. de Mac-Carthy fut appelé à occuper dans le sein de l'Académie la place devenue vacante par le décès de *M. Tajan*. Les douceurs d'une confraternité nouvelle et le retour à des distractions littéraires pouvaient seuls tromper ses douleurs et dissimuler le vide qui s'était fait autour de lui. Aussi combien ne s'efforça-t-il pas de multiplier les témoignages de sa reconnaissance dans le grave discours qui signala sa réception. Ce même sentiment lui inspira, quelque temps après, la pièce de vers qu'il adressa au premier bureau de l'Académie, réuni sous sa présidence dans son hôtel, dans laquelle il s'écriait :

> Ah! dans l'immense solitude
> De ces appartements déserts,
> Que l'abandon me semblait rude,
> Que je coulais de jours amers.
> Mais dès que l'immortelle Isaure
> M'admit au nombre de ses preux,
> J'ai vu s'épanouir l'aurore
> D'un avenir moins rigoureux.

La présence de M. de Mac-Carthy réalisa toutes les espérances qu'un choix aussi honorable nous avait fait concevoir ; ce fut pour nous un exemple et une leçon. Initié dès son enfance aux bonnes études, formé par les leçons de l'un des hommes les plus distingués de notre époque, mûri par des études non interrompues, il nous apportait les avantages d'une intelligence d'élite, développée par l'expérience des hommes et des choses. Arrivé parmi nous à un âge qui semble n'être plus celui d'une candidature, nous retrouvions en lui les traditions d'une époque où les notions du devoir étaient mieux comprises et plus pratiquées. Dès les premiers jours il nous montra que s'il avait ambitionné nos suffrages, il s'était pénétré de toutes les obligations de la charge de mainteneur. Parmi ces obligations, il en est une à laquelle il ne fit jamais défaut : pour lui, *les vendredis d'Isaure* étaient une solennité de famille à laquelle on devait toute sa sollicitude. Aussi que de soins ne prenait-il pas pour rendre ses ouvrages dignes de l'Académie. C'était pour lui une question de dignité personnelle et de déférence pour ses confrères. J'ai parcouru ses cartons, et j'y ai trouvé la preuve du travail qu'il s'imposait pour ses moindres lectures : notes, extraits, pensées détachées, plans de composition, toutes choses enfin qui m'ont expliqué l'intérêt qu'il excitait dans nos assemblées, et m'ont appris la manière dont il convenait d'envisager nos devoirs académiques.

Vous n'avez pas oublié sans doute, Messieurs, ces brillantes études sur *O'Connel*, dont la vivacité et la verdeur nous rendirent M. de Mac-Carthy, malgré ses soixante et dix ans, tel qu'il devait être lorsque dans ses jeunes années il assistait aux assemblées de l'association catholique. Un écrivain éminent, *M. Guizot*, venait de publier des études sur l'histoire d'Angleterre, dans lesquelles il avait soumis le caractère et le talent d'O'Connel à de sévères appréciations qui avaient blessé profondément toutes les convictions de notre confrère. Il voulut rétablir devant nous dans son véritable jour le grand orateur, dont l'éloquence entraînante et toute orientale égalait à ses yeux celle des *Chrysostôme*, des *Grégoire* et des *Bazile* ; qui loin de rougir du nom de *grand agitateur*, devait s'en glorifier et s'en servir comme d'une arme nécessaire pour briser le joug de l'Angleterre ; mais sur la tombe duquel ses concitoyens émancipés avaient gravé le titre le plus beau et le mieux mérité, celui de *libérateur*.

Plus tard, il éveilla tout notre intérêt par ses nombreux travaux sur le poëte *Edmond Spincer* : il fit passer devant nos yeux les poëtes ses contemporains, et nous fit connaître son volumineux poëme aux soixante mille vers, *la Reine des fées* : il ne refusa pas son admiration au poëte, mais les liens de sa parenté ne purent fléchir l'indépendance de son caractère, et il retrouva toute son énergie pour flétrir le courtisan qui n'avait pas rougi, nous dit-il, de diviniser cette reine orgueilleuse, sans cœur et sans foi, couverte du sang de ses sujets catholiques ; de cette Elizabeth, enfin, qui avait de sang-froid sacrifié à son ambition et à sa jalousie une jeune reine aussi belle qu'innocente.

Une assertion de Laharpe éveilla dans une autre circonstance la susceptibilité nationale de M. de Mac-Carthy. L'auteur du cours de littérature avait soutenu « *que le génie littéraire de l'Angleterre avait sommeillé* » *jusques au jour où la France l'avait réveillé de sa* » *léthargie sous Charles II.* » Dans une réfutation vive et animée, notre confrère nous présenta le tableau des trois siècles littéraires qui avaient précédé celui de *Milton*. Il fit passer sous nos yeux cette nombreuse pléiade de poëtes, parmi lesquels brillaient les noms de *Chaucer*, du *lord de Vaux*, de *Rochefort*, de *Marlow*, d'*Hovard* et des deux *Sydney* ; autant de portraits qui amenaient parfois des comparaisons peu favorables à *Marot*, à *Ronsard* et à *Racan*, leurs contemporains. Toutes ces études, empreintes d'un caractère d'étrangeté piquante et de profond savoir, étaient pour nous autant de révélations d'une littérature, dont nos voisins d'outre-Manche nous pardonneront sans doute de n'avoir étudié que les grands modèles.

M. de Mac-Carthy ne se bornait pas à ces travaux sérieux, mais pour rendre son hommage plus agréable à l'Académie, il se plaisait parfois à revêtir son sujet de la forme poétique. *Les Trois mots, la Réforme, Jean Guillot, le Progrès, Dahlias et Chrysanthèmes, Philanthropie et Charité, le Bâillement, le Missionnaire*

mourant, sont autant de petits poëmes qui charmè-
rent nos soirées et dont plusieurs enrichissent nos
recueils.

Ce serait s'exposer à un mécompte que de recher-
cher, dans ces pièces diverses, l'éclat et le mouvement exagéré de certaines œuvres de l'école moderne.
Tout, au contraire, y respire le calme et la sérénité;
si l'on veut apprécier sainement la nature du talent
de M. de Mac-Carthy, il ne faut pas le séparer de
son œuvre. Pour lui la poésie n'était qu'une forme,
dont il aimait à se servir, mais qu'il aurait rejetée si
elle avait affaibli ou dénaturé sa pensée. A ses yeux
le véritable poëte était celui que dépeint Horace,

Sacer interpresque deorum,

et la véritable inspiration poétique était le résultat de
la noblesse des sentiments, de la dignité du langage,
de la pureté de la foi, de la sûreté des doctrines. Qui
mieux que lui réunissait toutes ces qualités? Ce sont
elles qui font la distinction de ses œuvres, et qui se
dégagent de ses poésies comme un parfum délicat qui
arrive à l'âme sans éveiller les sens.

Je ne sais si cette appréciation sera acceptée par
ceux qui liront les poésies de M. de Mac-Carthy sans
l'avoir connu, mais elle le sera, j'en ai la confiance,
par vous, Messieurs, qui aviez l'habitude de l'écouter,
et qui avez conservé le souvenir de la séance du
9 mai 1862, dans laquelle il nous fit entendre les
dernières expansions de son cœur. Déjà, depuis quelque temps, des symptômes fâcheux avaient éveillé
nos inquiétudes. La vue de notre confrère s'était affai-

blie, et sa démarche chancelante trahissait une fatale décadence. Cependant il réunissait ses forces pour se rendre à nos assemblées, dernière distraction de ses vieux jours. Cette séance du 9 mai ramenait son tour de lecture. Une fois encore, il ne voulut pas manquer à son devoir académique, et d'une voix altérée il nous communiqua une pièce de vers, que par un secret pressentiment il avait intitulée *Mes adieux*. Il y parlait de ses illusions perdues, de ses forces épuisées, de ses regrets pour ceux qu'il avait aimés, enfin de l'éternité qui allait s'ouvrir devant lui. Nous suivions avec anxiété les accents de sa voix ; mais lorsque en terminant il fit entendre ces vers :

> Quand le silence descendra
> Autour de mon dernier asile,
> Lorsqu'un juste oubli couvrira
> Les jours d'une vie inutile,
> Dans les bras glacés de la mort
> Quand s'éteindra mon existence,
> De moi dans votre illustre corps
> S'il reste quelque souvenance,
> Direz-vous en me regrettant,
> « Mainteneur assidu, sincère,
> » Esprit simple et cœur bienfaisant,
> » Il fut du moins un bon confrère » ?

à ces mots du vieillard attendri l'émotion s'empara de tous les cœurs, et un nuage de profonde tristesse sembla se répandre sur l'assemblée silencieuse.

Ce fut en effet la dernière fois que sa voix se fit entendre parmi nous. Retiré dans son hôtel comme dans un sanctuaire, il écarta de sa retraite tous les bruits du monde pour ne pas se distraire de la pensée de l'éternité. Lorsque ses yeux se détournaient du ciel, ils s'arrêtaient avec complaisance sur les objets qu'il avait toujours vus, et qui lui rappelaient ses souvenirs de famille, cette autre religion de son cœur. Enfin deux mois s'étaient à peine écoulés, lorsque le 2 juillet 1862 il termina sa carrière avec le calme et la confiance que justifiait si bien une vie entière de mérites et de vertus. Ses sentiments d'affection pour l'Académie ne s'étaient jamais démentis pendant sa vie ; il a voulu lui en laisser un témoignage authentique après sa mort en la plaçant au nombre de ses légataires dans ses dispositions de dernière volonté. Ainsi il a ajouté à tous les sentiments que sa mémoire nous inspirait déjà, celui de la reconnaissance.

TABLEAU

DES

OUVRAGES COMMUNIQUÉS A L'ACADÉMIE DES JEUX-FLORAUX

PAR

M. le Vte Justin de MAC-CARTHY.

Séance publique du 8 juin 1845. *Discours de réception.*

Séance du 26 juin 1846. Epître à M. Florentin Ducos sur son poëme de *l'Epopée toulousaine.*

Séance du 19 juin 1848. *La Réforme*, ode.

Séance publique du 25 février 1849. *La Semonce.*

Séance du 8 juin 1849. Etude biographique et littéraire sur le poëte Williams Cooper et sur ses œuvres.

Janvier 1850. *Histoire divertissante de Jean Guillot*, poëme.

Séance du 7 mars 1850. Stances adressées à MM. les membres du premier bureau de l'Académie, réunis sous la présidence de M. de Mac-Carthy, dans son hôtel.

Séance du 4 juillet 1850. Stances sur la perte de mon procès.

Séance du 14 juin 1850. Traduction en vers d'un conte de Williams Cooper.

Séance du 4 juillet 1851. *Le Mainteneur dans l'embarras*, poëme.

Séance du 9 juillet 1852. *Le Bâillement*, poëme.

Séance du 13 juillet 1853. Etude sur sir Edmond Spincer et sur son poëme *la Reine des fées*, première partie.

Séance du 5 août 1853. Etude sur sir Edmond Spincer et sur son poëme *la Reine des fées*, seconde partie.

Séance du 22 juin 1854. *Trois mots et trois plats*, poëme.

Séance du 19 juin 1855. Sur la mort de *Buchinlock*, membre de l'Académie royale d'Irlande, jeune poëte de grande espérance, enlevé subitement à l'âge de vingt-quatre ans, poëme.

Août 1855. Epître à *M. le vicomte Ferdinand de Luppé*, sur une source du département du Gers, merveilleuse pour la guérison des yeux.

Janvier 1856. *Dahlias et chrysanthèmes*, poëme.

Séance du 30 mai 1856. *Le Progrès*, poëme.

Séance du 3 juillet 1857. Etude sur *Daniel O'Connel*, première partie.

Séance du 24 juillet 1857. Etude sur *Daniel O'Connel*, seconde partie.

Séance du 4 janvier 1858. *La Crinoline*, poëme.

Séance du 21 mai 1858. *Le Missionnaire mourant*, poëme.

Séance du 6 mai 1859. Stances à MM. les mainteneurs sur les obligations qu'impose leur charge.

1859. *Le Vieux confrère*, vers adressés à M. le comte Jules de Rességuier.

Séance du 11 mai 1860. *Philanthropie et charité*, poëme.

Séance du 6 mai 1861. *La Poule, le Chien, et le Renard*, apologue.

Séance de juillet 1861. Réponse à M. de Laharpe sur son assertion : *Que le génie de l'Angleterre avait sommeillé jusques au jour où la France l'avait réveillé de sa léthargie sous le règne de Charles II.*

Stances du 9 mai 1862. *Mes adieux*, stances adressées à mes confrères MM. les mainteneurs.